En 27 17041

AF316269

In.º 27 17041

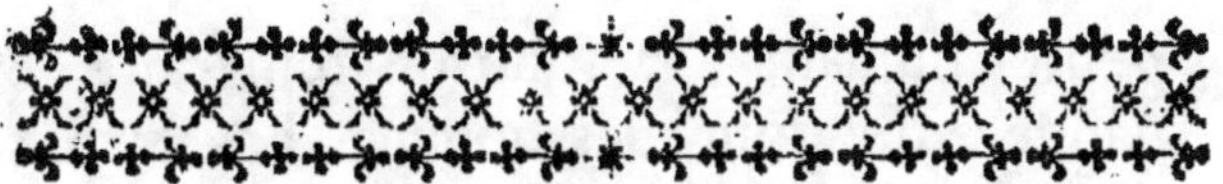

LETTRE

DE J. J. ROUSSEAU

DE GENEVE,

Qui contient sa renonciation à la Société Civile, & ses derniers adieux aux Hommes, adressée au seul Ami qui lui reste dans le monde.

VOTRE Lettre m'a donné la satisfaction de voir qu'il me restoit un ami dans le monde, & que la vérité avoit encore un partisan ; mais au nom de notre amitié, ne me parlez plus de justification ; quel parti voudriez-vous que prît un homme qui, étant accusé d'un assassinat, représenteroit le prétendu mort, sans pouvoir désarmer ses Juges ? celui de mourir comme Socrate, & tant d'autres victimes de l'erreur & de la méchanceté. J'avois consacré ma plume à la vérité & à la vertu ; j'ai plaidé la cause, & défendu les droits de l'une & de l'autre, à la face du

genre humain ; réfolution téméraire &
dangereufe pour des hommes bas & flat-
teurs ; mais généreufe & louable pour un
vrai Philofophe. Je n'ignorois pas, lorf-
que je pris la plume pour la premiere
fois, combien la route que je me propo-
fois de tenir étoit périlleufe ; je connoif-
fois trop bien le fiecle pour ne pas prévoir un événement que votre affection
pour moi (feul lien par lequel je tiens
encore aux hommes) vous fait envifager
comme trifte & funefte, mais que je re-
garde en effet comme glorieux & triom-
phant. Car, dites - moi, Monfieur, que
pouvoient faire les hommes de plus con-
forme à mon inclination, & de plus propre à me procurer ce doux repos, que
je cherche depuis fi long - tems, que de
me profcrire de leur fociété ? Je ne ferai
plus le complice de fes crimes, le fpecta-
teur oifif de fes injuftices, l'efclave de fes
caprices, & le témoin de fa mifere ; il n'y
a plus pour moi d'engagement focial : celui que mes peres (au fens de mes Ad-
verfaires) auroient pu contracter, vient
d'être caffé & anéanti ; plus de Patrie,
plus de Concitoyen, par conféquent plus
de devoirs ni envers l'une, ni envers l'autre : j'ai enfin recouvert ce bien fi précieux aux yeux du fage, les immunités

de l'état primitif ; en un mot , c'est en
ce moment que je peux m'écrier : *Je suis
libre !*

Ne penfez pas , Monfieur , qu'il fût
de mon honneur de prévenir le genre
humain , ma partie adverfe , par une ré-
nonciation en forme à fa fociété ; de foli-
des raifons doivent vous en convaincre :
premierement on n'auroit pas manqué de
me dénier le droit de faire une pareille ré-
nonciation. Vos ancêtres , m'auroit-on dit ,
fe font engagés à vivre , eux & leur poftérité , dans l'efclavage focial ; vous n'êtes
par conféquent pas le maître de réfoudre
ce contrat à votre volonté , *eodem modo
dirimitur contractum quo colligatur* : Tant
que vous ne produirez pas le confentement de votre partie adverfe , vous por-
terez des fers. J'aurois en vain reclamé les
droits de la nature , de vils efclaves , mes
Juges & mes Parties ne les connoiffent
point : ils m'auroient injuftement condam-
né à vivre & mourir au milieu d'eux. Je
vous dirai en fecond lieu , que je crois
avoir prouvé , dans l'un de mes écrits , que
l'homme eft né compatiffant , & porté par
inftinct à fecourir fes femblables au befoin ,
& quoique la fociété détruife cette douce
impreffion que la nature a gravée dans nos
cœurs , on ne m'auroit pas accufé avec

moins d'emportement, de vouloir me fouf-
traire aux devoirs de l'humanité ; on auroit fuppofé, dans mon indifférence appa-
rente pour les hommes, un fond de haine
& d'averfion que leur perverfité n'a jamais
pû y faire naître. Il étoit donc à propos
d'éviter ce foupçon injurieux, pour pouvoir mettre la juftice de mon côté, & le
genre humain dans fon tort.

Enfin, mon cher ami, (permettez-moi
de vous donner ce titre pour la derniere
fois) l'amitié qui nous unit depuis long-
tems, & qui fera le feul objet de mes
regrets, pendant le divorce que je viens
d'obtenir, m'a empêché de folliciter plutôt cet heureux Décret * de ma liberté
originelle. Ne croyez pas que je puiffe
jamais perdre le fouvenir de cette généreufe & conftante amitié ; en repaffant dans
mon efprit les cruautés que j'ai éprouvées
dans la fociété des hommes, les bienfaits
que j'ai reçus de vous viendront en adoucir
le reffentiment ; je m'en entretiendrai fouvent, non pas avec des Etres vils, or-
gueilleux & pervers, mais avec les ours,
les tigres & les panthères, dont la dou-
ceur & l'innocence n'empoifonneront point
mes difcours. Sages ennemis de ces pro-

* L'Arrêt du Parlement.

(5)

diges honteux de l'imagination & de l'am-
bition des hommes , de ces inftrumens
odieux de la tyrannie & du defpotifme,
de ces loix enfin qui ont enfanté tous les
crimes , en étouffant toutes les vertus ,
on peut avec eux , fans crainte d'oppref-
fion, pratiquer la vertu, & dire la vérité ;
ils n'ont d'autres loix que celles de la liberté : ils ne peuvent méconnoître les
droits précieux & inébranlables de l'*égalité*. Là je n'aurai plus devant les yeux ,
des Miniftres fans foi, & dégradés par un
vil intérêt ; des hommes lâches & cruels ,
comblés d'honneur & de gloire , pour avoir
égorgé un million d'hommes , dont ils ne
reçurent jamais la moindre offenfe ; d'autres hommes s'emparer du Continent, que
dis-je , des quatre Elémens , & par un
progrès inconcevable de corruption & de
renverfement , réformer les loix de la
nature , infulter à leur auteur , en accablant les uns fous le poids de l'opulen-
ce , & réduifant les autres à mourir de
faim. Quelle fociété , grand Dieu ! que
cet affemblage monftrueux de tyrans, &
d'efclaves , de lâches & de furieux , de
bourreaux & de victimes , où des loix
barbares enchaînent l'Univers, où tous les
droits de l'humanité font anéantis , où le
crime , levant fon front audacieux, tient

* 3

la vérité attachée à fon char de triomphe, où il ne refte à l'homme vertueux d'autre bien à efpérer que le bonheur & la gloire d'en être féparé : ô chers habitans des bois, mes compatriotes futurs ! (que cette expreffion me foit encore permife) je vous porte des préceptes dont la fageffe eft démontrée par une trifte & déplorable expérience : Chaffez bien loin de vous cette pefte terrible, qu'on nomme parmi les hommes fciences, belles-lettres, beaux arts, bel efprit, politeffe : vous êtes perdus fi cette contagion peut une fois pénétrer jufqu'à vous; mais fur-tout, je vous en conjure, que cette hydre dévorante, l'efprit de propriété, ne s'y montre jamais ; point de partage entre vous de la Terre que vous foulez aux pieds, c'eft le funefte avant-coureur de la fociété, & la fociété l'eft de toutes les horreurs qui défolent la terre. Je fçais que votre confervation, la propagation de l'efpéce, exige une forte de commerce entre vous ; lien délicieux par lequel la nature nous porte au bien, par l'attrait du plaifir ; vous ne pourriez même vous refufer à ce doux penchant, fans vous rendre criminels, mais qu'il foit borné aux hazards des rencontres momentanées, que deux individus ainfi rapprochés, s'uniffent

par ce nœud, source féconde de la vie,
qu'un désir réciproque a préparé en eux,
j'y consens ; c'est aller au but marqué par
l'Auteur de la nature ; mais que ce commerce, que cette société ne dure pas plus
long-tems que ce nœud qui en est le prin-
cipe. Je sçais que ces idées vaines &
factices de beauté, de jeunesse & d'a-
grémens, sont inconnues parmi vous, que
tout Etre propre à remplir la destination
marquée par la nature, ne mérite pas plus
de préférence ni de mépris, qu'un autre
qui jouit de la même faculté ; c'est-là le
gage de cette paix inestimable qui regne
parmi vous, & qui y régnera éternelle-
ment ; que si vous aviez le malheur de
vous laisser séduire un jour, (événement
qu'on ne sçauroit prévoir) par ce titre
superbe de Philosophe, dont les hommes
se parent avec tant d'insolence, ne les écou-
tez point sur la définition de la philosophie, leur langage est celui du mensonge
& de l'imposture ; sçachez que la vraie,
la saine philosophie est renfermée dans
les fonctions animales de chaque individu ; qu'elle consiste à sçavoir boire, man-
ger, dormir, se battre au besoin, &
produire son semblable ; mais que cette
borne respectable fixe à jamais vos progrès philosophiques ; la franchir d'un pas,

c'eſt ouvrir ſa boëte de Pandore ſur voﬆ têtes , & vous plonger dans un déluge de maux : ſi la dépravation vous faiſoit trouver un jour cette carriere trop reſ-ferrée , il me ſuffira de vous répondre , que chez les hommes mêmes , où cette dé-pravation eſt portée à ſon comble , la plu-part de ceux qui ſont décorés du nom de Sage & de Philoſophe , n'ont pas cru de-voir aller plus loin ; en cela ſeul dignes de nos éloges & de notre imitation. Il ne me reſte plus qu'un article à régler avec l'eſpéce orgueilleuſe que je quitte , & je ſuis à vous ſans retour.

Je n'ai pu m'empêcher , Monſieur , de vous avouer mon étonnement ſur ce paſſage de votre Lettre , où vous me parlez d'exil & de banniſſement ; je vous dirai même , je vous en demande pardon , qu'il m'eſt échappé d'en rire , quoique cela ne me ſoit arrivé que deux fois en ma vie , la premiere à la vue du rôle de Criſpin , dans la comédie des Nouveaux Philoſophes , & la ſeconde *ad hoc*. Vous me dites avec un ton ſérieux , ſur ce que les hommes qualifient d'exil , de banniſſement , que ce dernier imprime une note d'infamie , tandis que le pre-mier eſt un titre d'honneur , comme s'il étoit au pouvoir des hommes de flétrir

la vertu, & de décorer le vice à leur
gré ; je pourrois vous demander ici ce
que c'eſt qu'une note d'infamie parmi des
infames : je ne veux cependant pas vous
preſſer de me répondre ſur cette queſ-
tion, vos réflexions rappellées au vrai
vous ſerviront mieux que ma plume ne
pourroit le faire : mais dites-moi, Monſieur, qui leur a donné le droit de me
priver de la faculté de jouir de l'Uni-
nivers, & de me contraindre à reſpirer
dans un lieu plutôt que dans un autre. Si
c'eſt la force, à la bonne heure, c'eſt
un droit que je reſpecte dans chaque individu en particulier, il eſt fondé ſur un
titre, qui n'a ni commencement ni fin,
titre immortel, ſur les débris duquel la
ſociété en a élevé une infinité d'autres
qui le captivent ſans pouvoir le détruire ;
mais cette force individuelle, ce droit
acquis par la nature, n'eſt que momen-
tané. Si - tôt que je me ſuis dérobé à la
vue, & délivré des mains d'un Etre dont
les forces ſont ſupérieures aux miennes,
ſon droit eſt éteint, & tout rapport entre lui & moi, rentre dans le néant juſqu'à ce qu'une nouvelle rencontre nous
offre un nouveau combat : cependant je
veux ſuppoſer, pour un moment, que ces
Décrets émanés d'une force illicite &

injurieuſe à la nature, fuſſent tolérables ;
par quelles étranges raiſons pourriez-
vous me perſuader que l'exil eſt un mo-
nument glorieux ; le banniſſement, au
contraire, le partage de l'opprobre &
de l'infamie ? habitude honteuſe pour un
Philoſophe ! d'enviſager & de juger des
objets ſuivant les miſérables préjugés
d'une troupe d'eſclaves & d'imbécilles,
qui veut donner des fers à la nature en-
tiere ! exiler un homme libre, d'un cer-
tain lieu, & le confiner dans une autre
qui lui eſt circonſcript, avec défenſe d'en
ſortir ſous des peines plus rigoureuſes,
c'eſt l'acte le plus deſpotique que l'on
puiſſe jamais imaginer de la part de celui
qui l'exerce, & l'eſclavage le plus igno-
minieux & le plus accablant pour celui
qui le ſubit ; il n'a plus à craindre que le
cachot ou la mort, que dis-je, il doit bien
plutôt la deſirer. Je rendrai donc cette
juſtice à ceux qui ſe diſent *mes Juges*, à
ceux qui viennent de briſer mes fers, en
me rendant à ma liberté originelle ; ils ont
penſé qu'un Philoſophe, pour avoir oſé
dire la vérité ſans l'envelopper d'un voile
tiſſu par une crainte lâche & deshono-
rante, ne méritoit pas un traitement auſſi
barbare ; ils m'ont laiſſé l'option ſur le lieu
de ma retraite, je peux fixer mon ſé-

jour où il me plaira, & porter les débris d'un efclavage qui n'eft plus, fous
le climat qui me conviendra le mieux. Ils
fçavent que tout animal qui refpire a fa
portion fur le continent qui l'a reçu en
naiffant, c'eft-là une légitime, un patrimoine qui lui eft accordé par la nature,
un droit inhérent à fa perfonne, qui ne
peut jamais en être féparé, il ne peut
pas même s'en dépoffé der lui - même,
par quelque acte conventionnel que ce
puiffe être : & comme ce Continent n'eft
point partagé entre tous ceux qui ont le
droit d'y prétendre, ou ce qui eft la même chofe, qu'il ne l'eft pas réguliere-
ment, ajoutons encore qu'il ne peut ni ne
doit l'être irrévocablement ; il fuit de-là
que chaque individu en particulier a droit
de jouir du tout, parce que fa portion
perfonnelle fe trouvant confondue dans
ce tout, & chacun des autres individus
étant dans le même cas, les loix de l'é-
quilibre & de l'égalité, fe trouvent par-
faitement remplies dans cet état des cho-
fes. Mais fuppofons encore, je le veux
pour un moment, que le Continent que
nous habitons (je borne mes prétentions
à cette partie du monde, parce que je
fuis perfuadé que les animaux terreftres
d'un Continent n'ont aucun droit à pré-

tendre dans les autres parties du monde, la nature ayant elle-même établi des limites à cet égard que l'homme n'a pu franchir fans fe rendre criminel autant que malheureux) fuppofons, dis-je, que le Continent que nous habitons, eût été divifé par nos peres d'une maniere égale entr'eux, ne feroit-ce pas le comble de l'extravagance, de foutenir que ce partage eft irrévocable à l'égard de leur poftérité, que les révolutions que le temps y a apportées, doivent pareillement fubfifter, que ceux qui auront reçu le jour d'un fourbe, d'un fripon, d'un traître, d'un diable en un mot, feront ainfi nés dans une criminelle abondance au préjudice d'un homme de bien. Tous les hommes ne conviennent-ils pas, en fuivant leurs propres principes, qu'un contrat pour avoir un état ftable & permanent, pour être revêtu de fes formalités effentielles, doit être fait avec toutes les parties intéreffées; fi cela eft, où eft le confentement des autres animaux qui avoient le droit d'accéder à ce Traité concurramment avec l'homme; comment ce dernier pourroit-il leur donner l'exclufion de ce même droit, lui qui, malgré tous les efforts d'un orgueil audacieux & téméraire, n'eût jamais le pouvoir de les dépofleder ; mais qui au contraire fe trouve fouvent dans la mortifiante néceffité de leur céder la meilleure part du propre fruit de fes travaux. Je ne m'étendrai pas davantage fur l'incapacité où étoient mes ancêtres, de me lier par un contrat de cette efpece, ni des abus qu'un petit nombre en a fait & fait encore, pour s'attribuer les portions de plufieurs milliers, & réduire cette multitude, à ne refpirer que précairement. Je me réduirai, quant à préfent, à leur déclarer que je prétends jouir de mes droits, de cette portion du Continent qui m'eft dévolue à titre d'animal, portion inféparable de mon individu, mobile, errante comme lui de climat en climat : toujours placé dans le centre de ce patrimoine territorial, je ne fuis pas plutôt chaffé d'un lieu par une force irréfiftible, qu'il change de place avec moi ; ce n'eft que par ma deftruction individuelle que je peux le perdre ; or comme j'ai actuellement plus de liberté que jamais de le porter fur toute la furface de ce Continent, mon droit de jouir du tout fucceffivement, eft fans contredit le droit le plus incontestable. Enfin, j'ajoute que je renonce pour toujours à leurs Loix, à leurs Ufages, à leurs Coutumes, que je

me dépouille avec transport de toutes
marques, de tout caractere d'homme civi-
lisé, & même du titre d'homme qui ne
manqueroit pas de m'attirer la haine & le
mépris de mes Compatriotes nouveaux ; que
je n'attends d'autre protection, d'autre se-
cours contre ceux qui voudroient attenter
à ma liberté ; que celui de mes mains ; &
dés autres armes défensives que la nature
m'a données ; heureux si le funeste séjour
que j'ai fait parmi des êtres corrompus ,
n'en avoit point ruiné les forces ? Que
si les hommes fiers & impérieux, comme je
les connois, veulent s'obstiner à soutenir
que ce Continent que nous habitons, doit
être divisé entre nous ; & que le droit de
propriété puisse jamais être praticable sans
nous creuser des abymes de malheur ; (ce
que je ne pense pas) je leur déclare, en
qualité d'être sensible & compatissant, que
pour finir tout sujet de guerre & de dis-
fention avec eux, je tâcherai de convo-
quer une Diéte générale de toutes les especes d'animaux, entre lesquels le droit
de suffrage & la domination naturelle,
se trouvent partagée ; peut-être que dans
ce Congrés universel on pourroit trouver
des moyens propres à finir la guerre allu-
mée depuis tant de siécles, entre l'homme & les autres especes ; & particuliere-

ment les infectes. Je dis que je leur en parlerai, non pas dans le langage que j'ai appris parmi les hommes, je me garderai bien de leur faire connoître ce poifon deftructeur ; mais par des fignes démonftratifs qui forment le véritable, & le feul langage de la nature. Bref dans le cas où je parviendrois à les déterminer à quelques arrangemens relatifs à cette pacification générale, que je defire fans l'efperer, il ne fera pas difficile à l'efpece que j'abandonne, de faire lever par un de fes Mathématiciens ou Calculateurs, autre efpece fubordonnée, qui fourmille dans fon fein, qui peut connoître d'un coup d'œil le nombre des mouches qui figureront fur la face de l'Europe pendant l'Eté prochain, un état exact de tous les animaux privilégiés dont je viens de parler, & notamment de ceux dont j'ai fait la defcription anatomique & morale, dans les Notes que j'ai jointes au Difcours fur l'inégalité, pour pouvoir faire avec eux un partage au moins provifionnel. A l'égard des reptiles & des volatiles, je ne crois pas, quant à préfent, qu'il foit néceffaire de les appeller à ce contrat, peut-être que la fuite des temps nous fera appercevoir quelques autres rapports entr'eux &

nous, que nous ne connoiſſons pas encore, & dans ce dernier cas nous ſerons
bientôt diſpoſés à leur rendre juſtice.

Je ſuis avec égalité votre très-libre &
très heureux ami.

J. J. ROUSSEAU, juſqu'à ce jour
homme civiliſé, & Citoyen de
Geneve, mais à préſent,

ORANG-OUTANG *.

*Donnée la....... année de mon âge,
à l'entrée de la Forêt noire, qui eſt au
pied du Mont-Jura, près des Alpes.*

* C'eſt-à-dire, Habitant des Bois.

www.ingramcontent.com/pod-product-compliance
Lightning Source LLC
LaVergne TN
LVHW050421060726
842526LV00007B/2377